# STARK IN...

# Gesellschaftslehre 2

## Arbeitsheft · Teil 2

Schroedel

# Stark in Gesellschaftslehre 2

Arbeitsheft Teil 2
Zu den Kapiteln 9–14 des Schülerbandes 2

Herausgegeben von
Georg Kaiser

Geschrieben von
Bettina Bogenrieder
Johannes Derichs
Georg Kaiser
Angela Mand
Bernd Winkelmann
Mit Beiträgen von: Frank Eichhorn, Wilhelm Sommer

**Bildnachweis**
|akg-images GmbH, Berlin: 8, 11, 12, 17, 17; Bildarchiv Pisarek 17; Dieter E. Hoppe 23. |bpk-Bildagentur, Berlin: (H. Hoffmann) 13; H. Pabel 22; K. Petersen 10. |Breyvogel, Wilfried Dr. phil. Akad. Dir., Essen: 14. |Caro Fotoagentur, Berlin: Sorge 63. |Deutsche Welthungerhilfe e.V., Bonn: 59. |dpa Infografik GmbH, Frankfurt: 45. |Druwe & Polastri, Cremlingen/Weddel: Titel, 33. |Fabian, Michael, Hannover: 33. |Film- und Fernsehmuseum Hamburg e.V., Hamburg: Bonné 10. |Focus Photo- u. Presseagentur GmbH, Hamburg: Sibert 61. |Galerie der Stadt Stuttgart, Stuttgart: © VG Bild-Kunst, Bonn 2009 10. |Krüger, Peter, Wolfenbüttel: 62. |laif, Köln: 64; Boening/ Zenit 35. |mauritius images GmbH, Mittenwald: 58. |Mester, Gerhard, Wiesbaden: 38. |Nachlass Felix Mussil, Frankfurt/M.: 24. |Picture Press Bild- und Textagentur GmbH, Hamburg: Ultal 61. |Picture-Alliance GmbH, Frankfurt/M.: 63; akg-images 23; dpa 34; dpa/B. Weissbrod 35; dpa/C.Rehder 63; dpa/Koch 9; dpa/M. Gambarini 63; dpa/M. Jung 31; dpa/Weihrauch 37; Frank Hoermann/SVEN SIMON 37; Helga Lade Fotoagentur GmbH, Ger 64; Sven Simon 35; ZB/J. Kalaene 64. |Pressefoto Horst Rudel, Stuttgart: 31. |Roeder, Jan, Krailling: 39. |Seidel, Jürgen, Köln: 31. |Stapel, N., Hannover: 31. |Süddeutsche Zeitung - Photo, München: 15; AP 23. |Tonn, Dirk, Bovenden: 28, 30 1, 30 2, 31, 32 1, 32 2, 40, 46, 47, 51, 56 1, 56 2, 60. |TopicMedia Service, Mehring-Öd: 29. |ullstein bild, Berlin: 8, 10, 18; AKG Pressebild 16; Archiv Gerstenberg 6; KPA 17; Rondholz 26. |Werbefotografie Weiss GmbH, Gersthofen: 27, 27.
Wir arbeiten sehr sorgfältig daran, für alle verwendeten Abbildungen die Rechteinhaberinnen und Rechteinhaber zu ermitteln. Sollte uns dies im Einzelfall nicht vollständig gelungen sein, werden berechtigte Ansprüche selbstverständlich im Rahmen der üblichen Vereinbarungen abgegolten.

**Textnachweis**
Detlev Peukert, Die Edelweißpiraten, Köln 1980, S. 156; Dirk Gerhard, Antifaschisten, Wagenbach, Berlin 1976, S. 146; Stephane Bruchfeld/Paul A. Levine, Erzählt es euren Kindern, C. Bertelsmann, Jugendbuchverlag, München 2000, S. 132; P. Kohl, Warum haben die das getan?, in: Dietrich Goldschmidt (Hrsg.), Frieden mit der Sowjetunion, Gütersloher Verl.-Haus Mohn, Gütersloh 1989, S. 387; Günter Eich, Abgelegene Gehöfte. Gedichte, Suhrkamp, Frankfurt/M. 1968, S. 38f.; Bernd Schmidt, Hannes Schwenger, Die Stunde Eins, München (dtv) 1982, S. 74f.; Stadtarchiv Stuttgart; Hannoversche Allgemeine Zeitung



Druck A[8] / Jahr 2021
Alle Drucke der Serie A sind inhaltlich unverändert.

**Die Seiten dieses Arbeitshefts bestehen zu 100 % aus Altpapier.**

Damit tragen wir dazu bei, dass Wald geschützt wird, Ressourcen geschont werden und der Einsatz von Chemikalien reduziert wird. Die Produktion eines Klassensatzes unserer Arbeitshefte aus reinem Altpapier spart durchschnittlich 12 Kilogramm Holz und 178 Liter Wasser, sie vermeidet 7 Kilogramm Abfall und reduziert den Ausstoß von Kohlendioxid im Vergleich zu einem Klassensatz aus Frischfaserpapier. Unser Recyclingpapier ist nach den Richtlinien des Blauen Engels zertifiziert.

Redaktion: Arno Zähringer
Umschlaggestaltung: boje5 Grafik & Werbung, Eckard Schönke, Braunschweig
Satz: AndersARTig Werbung & Verlag GmbH, Braunschweig
Druck und Bindung: Westermann Druck GmbH, Braunschweig

ISBN 978-3-507-**36106**-5

## Liebe Schülerin! Lieber Schüler!

Diese Zeichen findest du vor den Aufgaben: Sie bedeuten:

Schreibe etwas auf.

Arbeite mit deinen Händen, z. B. etwas basteln, etwas ausschneiden.

Entnimm Informationen aus der Seite (Text, Bild, Karte).
Manchmal musst du dir auch Informationen aus anderen Quellen beschaffen: Zeitschriften, Atlas.

Arbeite mit dem Computer.

Arbeite mit einer Partnerin, einem Partner oder in einer Gruppe.

Sammle Informationen auch außerhalb des Klassenzimmers.

Macht ein Rollenspiel, spielt Theater.

Erzähle oder berichte von etwas. Manchmal musst du auch über etwas nachdenken oder zu etwas Stellung nehmen.

**Fahrlässig:** etwas ohne Absicht verschulden

Der Notizzettel in der Randspalte enthält Worterklärungen oder zusätzliche Informationen.

# Inhalt

## Endlich auf eigenen Füßen



## Europa – unser Kontinent



## Eine Welt

# Revolution in Deutschland

**1** Trage die folgenden Wörter richtig in die Lücken des Textes ein.

**Armee – Kriegsschiffe – Militärführung – Offiziere – Schlacht – 1918 – 28. Oktober – Wahlrecht – Mitbestimmung – Großgrundbesitzer – Besitzes – Achtstundentag – Abdankung – Arbeiter- und Soldatenräte**

Im Herbst __________ war es so weit, die deutsche ________________ war besiegt. Für die Bevölkerung und die Soldaten wirkte dieser Umstand wie ein Schock. Kaiser und ____________________ hatten alles Vertrauen eingebüßt. In dieser Situation sollten die deutschen ______________________ am ____________________ noch einmal zu einer ____________________ auslaufen. Die Matrosen meuterten und folgten nicht den Befehlen der ________________________. Dies war ein Signal.

*Meuternde Matrosen der Kriegsmarine, Anfang November 1918*

Gewählte ______________________________________ übernahmen die Macht. Sie forderten M _ _ _ _ _ _ _ _ _ _ _ _ in den Betrieben, den ______________________, eine gerechte Verteilung des _ _ _ _ _ Z _ _, das _ _ _ _ _ _ _ C H T, die Enteignung der _________________________, vor allem aber die ____________________ des Kaisers.

# Die Gründung der Republik



**1** Erläutere die Aussagen des Extrablattes:

Was ist geschehen?

Was wird versprochen?

Was ist der wichtigste Satz der Meldung?

**Vorwärts**
**Berliner Volksblatt**
**Zentralorgan der Sozialdemokratischen Partei Deutschlands**

**Der Kaiser hat abgedankt!**
Der Reichskanzler hat folgenden Erlass herausgegeben:
Seine Majestät der Kaiser und König haben sich entschlossen, dem Throne zu entsagen.
Der Reichskanzler bleibt noch so lange im Amte, bis die mit der Abdankung Seiner Majestät, dem Thronverzichte Seiner kaiserlichen und königlichen Hoheit des Kronprinzen des Deutschen Reichs und von Preußen und der Einsetzung der Regentschaft verbundenen Fragen geregelt sind. Er beabsichtigt, dem Regenten die Ernennung des Abgeordneten Ebert zum Reichskanzler und die Vorlage eines Gesetzentwurfes wegen der Ausschreibung allgemeiner Wahlen für eine verfassungsgebende deutsche Nationalversammlung vorzuschlagen, der es obliegen würde, die künftige Staatsform des deutschen Volks (...) endgültig festzustellen.

Berlin, den 9. November 1918. Der Reichskanzler.
Prinz Max von Baden.

**Es wird nicht geschossen!**
Der Reichskanzler hat angeordnet, dass seitens des Militärs von der Waffe kein Gebrauch gemacht werde.

*Zeitungsmeldung vom 9.11.1918*

An wen wendet sich das Blatt?

Stimmt die Meldung über die Abdankung des Kaisers?

**2** Vollende folgende Satzanfänge:

a) Am 9. November 1918 wurde Deutschland ______

b) Reichskanzler wurde ______

c) Drei Monate später wählte ihn die Nationalversammlung zum

______

8

# Frauen in der Weimarer Republik

In der Revolution von 1918 erhielten Frauen erstmals in Deutschland das Wahlrecht. 1919 zogen fast 90 % aller wahlberechtigten Frauen zu den Wahllokalen. In der Weimarer Nationalversammlung waren zum ersten Mal in Deutschland 41 weibliche Abgeordnete vertreten.

*Frauen wählen die Nationalversammlung, 1919*

**1** Beschreibe die Frauen, die gleich wählen werden. Was denken sie wohl?

**2** Überlege, was die junge Frau am linken Bildrand tut.

**3** Welchen Eindruck hast du von den Männern im Bildhintergrund? Ob sie wohl mit dem Frauenwahlrecht einverstanden sind?

**4** Beschreibe das Foto aus den 20er Jahren. Welche Tätigkeiten von Frauen werden dargestellt?

*Frauen bei der Fabrikarbeit, 20er Jahre*

**5** Welches Frauenbild vermittelt das Bild? Sprich mit deinem/r Partner/in.

zu Schülerband Seite 142, 144

# Die Inflation von 1923



**1** Erkläre in wenigen Sätzen den Begriff „Inflation".

*Geldschein von 1923*

**2** Schreibe auf, was du unter dem Begriff „galoppierende Inflation" verstehst.

**Ein Ei kostete:**

| | | |
|---|---|---|
| vor | 1914 | 0,08 RM |
| | 1918 | 0,25 RM |
| | 1922 | 180 RM |
| Sommer | 1923 | 5000 RM |
| Oktober | 1923 | 80 000 000 000 000 RM |
| | 1925 | 0,11 RtM |

(RM bedeutet Reichsmark, nach dem 13. Oktober 1923 Rentenmark)

**3** Lies den folgenden Text.

**Schleichhandel:** Schwarzmarkt, Schmuggel, heimlicher Handel mit verbotenen oder unerlaubt eingeführten Waren

„Das Volk fror und hungerte. Die knappen Lebensmittel wurden zugeteilt. Die Ersparnisse wurden wertlos. Weite Teile der Bevölkerung verarmten. Schwarzer Markt und Schleichhandel blühten auf. Bei Post und Bahn wurden Pakete unterschlagen. „Not kennt kein Gebot", damit wurde alles entschuldigt. Die Gesetze des Staates fanden keine Beachtung mehr. Das Vermögen der Banken und der Wirtschaft schrumpfte.
Die Besitzer von Häusern und Grundstücken führten dagegen ein herrliches Leben. Betrüger und Spekulanten (hofften auf höhere Gewinne) nutzten die Inflation für ihre Zwecke aus. Ebenso diejenigen Ausländer, die in ihrer Gewinngier zu lächerlich niedrigen Preisen Grundbesitz erwarben."

**4** Beschreibe die Folgen der Inflation für das Volk und die Hausbesitzer.

# Die „Goldenen Zwanziger"

*„Großstadt", ein berühmtes Bild von Otto Dix*

**1** Beschreibe das Bild „Großstadt" des Malers Otto Dix genau. Wie ist das Großstadtleben dargestellt?

______________________________________________

______________________________________________

______________________________________________

______________________________________________

______________________________________________

**2** Den Menschen in der Weimarer Republik boten sich völlig neue Möglichkeiten, sich in ihrer Freizeit zu vergnügen. Wenn du die Buchstaben richtig ordnest, erfährst du, was die Menschen in ihrer Freizeit besonders gern taten.

**ZZ – DAN – JA – CE**

______________________

**TES – AU – ERS – TO**

______________________

**FIL – NEU – ME – E**

______________________

# Ein Propagandaplakat



**1** Bearbeite die folgenden Aufgaben.

Es handelt sich um ein Plakat der Partei

______________________________

Welche Personen werden auf dem Plakat dargestellt?

______________________________

______________________________

Wird der Name der Partei genannt?

______________________________

Welcher Name steht für die Partei?

______________________________

Bevorzugte Farbe: ______________________________

**2** Beschreibe: Welche Stimmung vermittelt das Plakat?

______________________________

______________________________

**3** Überlege: Wer sollte mit dem Plakat angesprochen werden?

______________________________

______________________________

**4** Notiere: Welche Ziele sollten mit dem Plakat verfolgt werden?

______________________________

______________________________

______________________________

______________________________

______________________________

zu Schülerband Seite 147

# 12 Aus einem Kinderbuch von 1936

*„Der Deutsche ist ein stolzer Mann, der arbeiten und kämpfen kann. Weil er so schön ist und voll Mut, hasst ihn von jeher schon der Jud.“*

*„Dies ist der Jud, das sieht man gleich, der größte Schuft im ganzen Reich! Er meint, dass er der Schönste sei, und ist so hässlich doch dabei.“*

**1** Diese beiden Abbildungen stammen aus einem nationalsozialistischen Kinderbuch von 1936. Beschreibe in Stichpunkten, wie die beiden Männer dargestellt werden. Gehe dabei vor allem auf das Aussehen und die berufliche Tätigkeit ein.

Abbildung links: ______________________________

Abbildung rechts: ______________________________

**2** Erkläre, warum die beiden Darstellungen der Anschauung der Nationalsozialisten von der „Herrenrasse“ und der „jüdischen Rasse“ entsprechen.

______________________________

______________________________

______________________________

**3** Überlege, warum die Nationalsozialisten solche Zeichnungen in einem Kinderbuch abgedruckt haben. Was wollten sie damit erreichen?

______________________________

______________________________

______________________________

# Jugend gegen das Hakenkreuz

Im Schulbuch hast du gelesen, welche Menschen von der Polizei und der Gestapo verfolgt wurden. Auch Mädchen und Jungen aus Großstädten, z. B. aus Hamburg und Berlin, die nach den Rhythmen amerikanischer Jazzmusik Swing tanzten, wurden verfolgt. Der „Nigger-Jazz", wie man diese Musik damals nannte, war seit 1935 verboten. Er galt als undeutsch. Wer dennoch beim Tanzen erwischt wurde, musste mit harten Strafen rechnen. Die Jungen wurden z. B. in das „Jugendschutzlager" Moringen eingeliefert.

**Q1 Aus einem Schreiben des SS-Führers Himmler an Heydrich aus dem Jahre 1942:**
Alle Rädelsführer, und zwar die Rädelsführer männlicher und weiblicher Art, unter den Lehrern diejenigen, die feindlich eingestellt sind und die Swing-Jugend unterstützen, sind in ein Konzentrationslager einzuweisen. Dort muss die Jugend zunächst einmal Prügel bekommen und dann in schärfster Form exerziert und zur Arbeit angehalten werden. Irgendein Arbeitslager oder Jugendlager halte ich bei diesen Burschen und nichtsnutzigen Mädchen für verfehlt. Die Mädchen sind zur Arbeit im Weben und im Sommer zur Landarbeit anzuhalten. Der Aufenthalt im Konzentrationslager für diese Jugend muss ein längerer, zwei bis drei Jahre, sein. Es muss klar sein, dass sie nie wieder studieren dürfen. Bei den Eltern ist nachzuforschen, wie weit sie das unterstützt haben. Haben sie es unterstützt, sind sie ebenfalls in ein KL zu verbringen und das Vermögen ist einzuziehen …

**1** Zähle auf, wer bestraft werden sollte.

Die Rädelsführer, die ______________________________

**2** Schreibe auf, worin die Strafen im Einzelnen bestehen.

Die Jugendführer sollten ______________________________

Die Mädchenführer sollten ______________________________

Die Jungenführer sollten ______________________________

Die Rädelsführer sollten ______________________________

Die Elternführer sollten ______________________________

**3** Überlege, wie du reagieren würdest, wenn dir gesetzlich verboten würde, deine Lieblingsmusik zu hören.

______________________________

# Die Edelweißpiraten

Zu den wenigen Jugendlichen, die sich gegen den nationalsozialistischen Staat, vor allem gegen die Hitlerjugend, zur Wehr setzten, gehörten die sogenannten Edelweißpiraten. Sie hatten noch andere Namen, z. B. Kittelbachpiraten, Ruhrpiraten oder Navajos. Bei ihren Fahrten waren auch Mädchen dabei.

**Q1 Ein Kölner Edelweißpirat erinnert sich:**

Wir gingen samstags/sonntags „auf Fahrt", wie wir das nannten. Das war in den Jahren1942/43. Unser Ziel war meistens Oberkassel bei Königswinter. Da sind drei Seen, die durch Steinbrüche entstanden sind. Der Blaue See, der Silbersee und der Märchensee. Es sind da auch Höhlen und Stollen und da traf man sich mit Gitarren und Mandolinen, sang abenteuerliche Lieder, aber keine HJ-Lieder. Die Leute kamen aus Essen, aus Düsseldorf, aus Köln und machten Lagerfeuer …

Man mag heute darüber lächeln, wir jungen Menschen waren uns einig in dem Protest gegen das Hitler-Regime, wir waren uns darüber einig, dass das Regime verkehrt war, dass der Krieg unnütz war. Gleichzeitig aber war es so, dass eine große Portion Abenteuerlust dabei war."

**Regime:** Herrschaft

*Kittelbachpiraten in Gladbeck*

**1** Notiere, was Edelweißpiraten am Wochenende taten.

**2** Schreibe auf, woher die Jugendlichen kamen.

**3** Begründe, warum die Edelweißpiraten so handelten.

zu Schülerband Seite 150

# Täter, Opfer, Zuschauer

Ein jüdischer Junge wird im Jahre 1938 gezwungen, das Wort „Jude“ an die Hauswand des Geschäftes seines Vaters zu schreiben. Sein Freund schaut zu.

**1** Schreibe in Stichworten auf, warum sich der jüdische Junge gegen diese Behandlung nicht wehren konnte.

*Der Schüler Roman Reichbaum wird gedemütigt.*

**2** Versetze dich in die Situation folgender Personen und schreibe auf, was sie in diesem Moment gedacht haben könnten.

Der Nationalsozialist:

Der jüdische Junge:

Der zuschauende Junge:

# Aus dem Tagebuch der Anne Frank

Anne Frank wurde am 12. Juni 1929 in Frankfurt am Main als Tochter eines jüdischen Bankiers geboren. 1933 wanderte ihre Familie nach Holland aus. 1940 wurde Holland von den Deutschen besetzt. Im Juli 1942 tauchte die Familie in einem Hinterhaus in Amsterdam unter.

Anne schrieb vom 12. Juni 1942 bis zum 1. August 1944 ein Tagebuch. Die Polizei entdeckte jedoch den Schlupfwinkel und verhaftete die ganze Familie. Anne Frank starb im März 1945 im Konzentrationslager Bergen-Belsen in der Lüneburger Heide. Ihr Tagebuch besteht aus Briefen an eine erfundene Freundin namens Kitty.

**Q1 Aus dem Tagebuch der Anne Frank:**

Liebe Kitty! Freitag, 9. Oktober 1942

Nichts als traurige und deprimierende Nachrichten habe ich heute. Unsere jüdischen Bekannten werden gleich gruppenweise festgenommen. Die Gestapo geht nicht im Geringsten zart mit diesen Menschen um. Sie werden in Viehwagen nach Westerbork gebracht, dem großen Judenlager in Drente. Miep hat von jemandem erzählt, der aus Westerbork geflohen ist. Es muss dort schrecklich sein. Die Menschen bekommen fast nichts zu essen, geschweige denn zu trinken. Sie haben nur eine Stunde pro Tag Wasser und ein Klo und ein Waschbecken für ein paar tausend Frauen, und die letzteren und die Kinder bekommen oft die Haare abgeschoren. Fliehen ist fast unmöglich. Die Menschen sind gebrandmarkt durch ihre kahlgeschorenen Köpfe und viele auch durch ihr jüdisches Aussehen. Wenn es in Holland so schlimm ist, wie muss es dann erst in Polen sein? Wir nehmen an, dass die meisten Menschen ermordet werden. Der englische Sender spricht von Vergasungen, vielleicht ist das noch die schnellste Methode zu sterben.

**1** Lies den Text.

**2** Unterstreiche blau, wie die Gestapo die Juden in die Lager bringt.

**3** Unterstreiche rot, wie die Gestapo mit den Juden in den Lagern umgeht.

**4** Anne schreibt „... vielleicht ist das noch die schnellste Methode zu sterben." Wie meint Anne diese Äußerung? Schreibe auf.

zu Schülerband Seite 153

**1** Trage die folgenden Begriffe bei der richtigen Jahreszahl ein und schreibe in Stichworten ihre Bedeutung und die Auswirkungen:

**Verschleppung in Vernichtungslager – Judenstern – Boykott jüdischer Geschäfte – Reichspogromnacht**

**1933**

**1938**

**1941**

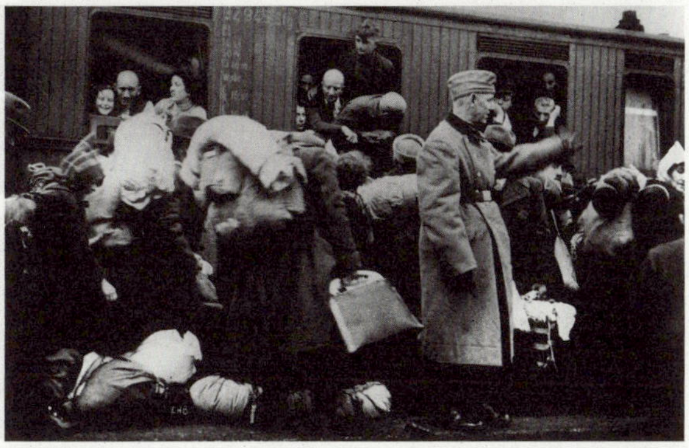

**1942–1945**

zu Schülerband Seite 153

# Der Krieg

Deutschland will die Sowjetunion beherrschen und ausbeuten.

9 bis 10 Millionen deutsche Soldaten sind am Krieg gegen die UdSSR beteiligt gewesen. Auf sowjetischer Seite waren es 25 bis 30 Millionen.

*Brennendes russisches Dorf*

**Faschisten:** Die Russen nannten die Nationalsozialisten nach diesem italienischen Wort.

**Q1 Der 18-jährige Russe Pjotr Dimitrowitsch schildert die Zerstörung seines Dorfes Dory** (bei Minsk):

Ich habe die Vernichtung unseres Dorfes überlebt. Es war Juli 1943. Ich wollte ins Dorf laufen, aber da sah ich, wie die Deutschen in einem großen Ring mit Hunden das Dorf umstellten. Überall stieg Rauch hoch. Und dann brannte unsere Kirche. Wie eine Fackel. Unsere Kirche war aus Holz. Später habe ich erfahren, dass die Faschisten die Bevölkerung in die Kirche getrieben haben. Sie verriegelten die Türen, legten Heuballen um die Holzkirche herum, schütteten Benzin darüber und zündeten das Heu an. Das brannte sofort. Dann warfen sie Handgranaten durch das Fenster in die Kirche. Meine Mutter und meine Schwester waren da drin! Stellen Sie sich das einmal vor, so lebendig zu verbrennen.

**1** Fasse zusammen, was Pjotr erlebt hat.

______________________________

______________________________

______________________________

______________________________

**2** Versetze dich in die Lage von Pjotr und beschreibe seine Empfindungen.

______________________________

______________________________

______________________________

______________________________

# Kriegsverluste

**1** Schreibe in die Tabelle die Kriegsverluste – die gefallenen Soldaten und die getöteten Zivilisten. Verwende die Karte auf dieser Seite.

| | Gefallene Soldaten | Getötete Zivilisten |
|---|---|---|
| Deutsches Reich | 3 200 000 | 3 800 000 |
| Polen | | |
| Sowjetunion | | |
| Großbritannien | | |
| USA | | |
| Frankreich | | |

**2** Vergleiche die Kriegsverluste der Deutschen, der Sowjetunion, der Vereinigten Staaten und Großbritanniens. Wer hat die meisten Verluste?

______________________________

______________________________

**3** Überlege, weshalb in Polen eine so hohe Zahl an Zivilisten getötet wurde.

**Zivilist:**
Bürger, Nichtsoldat

______________________________

______________________________

______________________________

______________________________

______________________________

**4** Notiere, wer die Hauptlast des Kampfes gegen das Deutsche Reich getragen hat.

______________________________

______________________________

______________________________

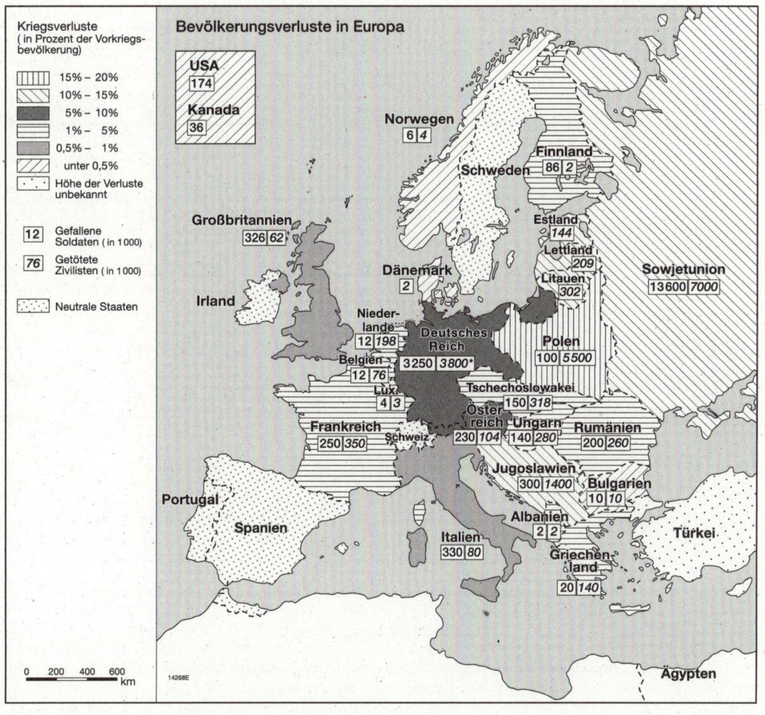


*Bevölkerungsverluste in Europa*

# Nach dem Krieg – Kriegsgefangene

**1** Günter Eich berichtet aus seiner Kriegsgefangenschaft. Welche Dinge sind ihm wichtig?

**Inventur**

Dies ist meine Mütze,
dies ist mein Mantel,
hier mein Rasierzeug
im Beutel Leinen.

Konservenbüchse:
Mein Teller, mein Becher,
ich hab in das Weißblech
den Namen geritzt.

Geritzt hier mit diesem
kostbaren Nagel,
den vor begehrlichen
Augen ich berge.

Im Brotbeutel sind
ein Paar wollene Socken
und einiges, was ich
niemand verrate,

so dient er als Kissen
nachts meinem Kopf.
Die Pappe hier liegt
zwischen mir und der Erde.

Die Bleistiftmine
lieb ich am meisten:
Tags schreibt sie mir Verse,
die nachts ich erdacht.

Dies ist mein Notizbuch,
dies meine Zeltbahn,
dies ist mein Handtuch,
dies ist mein Zwirn.

Günter Eich

**2** Versuche, die Gefühle von Frau Heckmann zu beschreiben, als sie ihren Ehemann wiedersah.

**Q1 Erlebnis eines für tot erklärten Heimkehrers:**
Friedrich Heckmann, 37 Jahre, kam im Sommer 1947 aus der russischen Kriegsgefangenschaft. „Ich habe gerade Strümpfe gestopft und da hat es geklingelt. Wie ich aufmache, sehe ich einen Soldaten … Er sagte nichts, fragte nichts – schaute mich nur an. Ich sage „Guten Abend“ – er antwortet nicht – ich frage: „Kann ich was für sie tun?“ da sagt er: Kennst du mich nicht?“… Ich bin Fritz – dein Mann.“ … Er schaute sich um, ging dann durch die Zimmer …, im Zimmer von den Kindern schaute er auf die Betten … Da habe ich ihm erzählt, dass er doch für tot erklärt sei und dass ich seinen Bruder geheiratet, und dass er nun das Geschäft führte, … und ich wusste mir nicht zu helfen und holte die Todeserklärung aus dem Schreibtisch und zeigt sie ihm, und ich weinte … und dann sagte er – „Ich bin also tot“, und er drehte sich um und ging hinaus.“

**3** Überlege: Was könnte in Friedrich Heckmann vorgegangen sein, als er seine Frau wiedersah?

## Spart Strom!

**10 Gebote für die Hausfrau**

1. Spart Strom! Ihr bewahrt dadurch Eure Männer vor Kurzarbeit und Lohnkürzung.
2. Verwendet Strom nur, wenn unbedingt notwendig.
3. Licht aus, wenn es nicht mehr gebraucht wird.
4. Benützt elektrische Hausgeräte nur nach Feierabend oder an Sonntagen.
5. Heizt nicht mit Strom, er wird in der Industrie dringender gebraucht.
6. Staubsauger sind nützlich, aber spart sie für stromreichere Zeiten.
7. Das elektrische Bügeleisen gehört in jeden Haushalt, verwendet es aber gerade deshalb wirtschaftlich.
8. Elektrisch kochen ist bequem, aber Gasherd und Ofen sind in stromarmen Zeiten wirtschaftlicher.
9. Mahnt jeden Familienangehörigen, daß das Radio nur eingeschaltet wird, wenn man wirklich zuhört.
10. Jede Kilowattstunde, die im Haushalt eingespart wird, trägt zur Aufrechterhaltung der Produktion bei und erhält Euren Männer den Arbeitsplatz.

**Leitsätze für Behörden, Industrie, Handel und Gewerbe**

1. Wer Strom spart, hilft der Wirtschaft. Wer der Wirtschaft hilft, steigert die Güterproduktion. Wer die Güterproduktion steigert, hilft den Mangel bekämpfen. Wer den Mangel bekämpfen hilft, hilft sich selbst.
2. Reklame ist wichtig, aber die Aufrechterhaltung der Produktion ist wichtiger.
3. Hell beleuchtete Arbeits- und Büroräume werden überall bevorzugt, unnötig am Tage verbrauchter Strom aber beeinträchtigt die Leistungsfähigkeit der Industrie.
4. Unternehmer, wirtschaftet mit dem Strom rationell. Die Verpflichtung gegenüber der Wirtschaft als Ganzes ist größer als die Vorteile, die der Einzelbetrieb erringen kann.
5. Strom ist heute so wichtig wie die monatliche Fellration. Wo es an Strom mangelt, stockt die Güterproduktion. Mangel an Gütern aber lähmt die Versorgung, welche lebenswichtig ist.
6. Arbeitgeber und Arbeitnehmer! Denkt daran, dass Strom überall, in der Fabrikation, zur Aufrechterhaltung des öffentlichen Lebens, sowie im privaten Haushalt, gebraucht wird. Jede eingesparte Kilowattstunde jedoch verhütet Produktions- und Lohnausfall.

**Wer Strom spart, verhütet Kurzarbeit und Arbeitslosigkeit!**

**1** Wie sollten sich die Menschen und die Wirtschaft in der Nachkriegszeit verhalten?

**2** Schreibe auf: Warum war es in der Nachkriegszeit wichtig, Strom zu sparen?

# Jugend in der Nachkriegszeit

Viele Kinder und Jugendliche wuchsen in Deutschland nach dem Krieg unter schlimmen Umständen auf. Die Bilder im Buch zeigen euch auch etwas über ihre Lebensbedingungen.

**1** Was könnte ein Jugendlicher im Jahr 1946 in sein Tagebuch geschrieben haben? Schreibe es auf. Diese Wörter helfen dir:

**einsam – hungrig – traurig – erleichtert – räumt Bauschutt weg – zerstört – kalt**

**Mein Tagebuch**

Ich fühle mich ______________________________

Von meinem Vater gibt es immer noch kein Lebenszeichen.

Meine Mutter ______________________________

______________________________

______________________________

Unsere Wohnung ______________________________

______________________________

______________________________

*Suchdienst-Plakat (1946): Viele Menschen suchten nach vermissten Verwandten oder Bekannten*

# Berliner Luftbrücke



West-Berlin war vom 23. Juni 1948 bis zum 12. Mai 1949 komplett von der Außenwelt abgeriegelt. Aus politischen Gründen hatte die sowjetische Regierung alle Zufahrtswege nach Berlin gesperrt. Die Westalliierten versorgten daraufhin die Stadt aus der Luft mit allen lebenswichtigen Gütern.

**1** Schreibe unter das Bild den passenden Untertitel. Verwende die folgenden Kurztexte:

**Luftwege während der Blockade – Rosinenbomber auf dem Berliner Flughafen Tempelhof – US-amerikanische Soldaten beladen ein Flugzeug nach West-Berlin – Luftbrückendenkmal in Berlin**

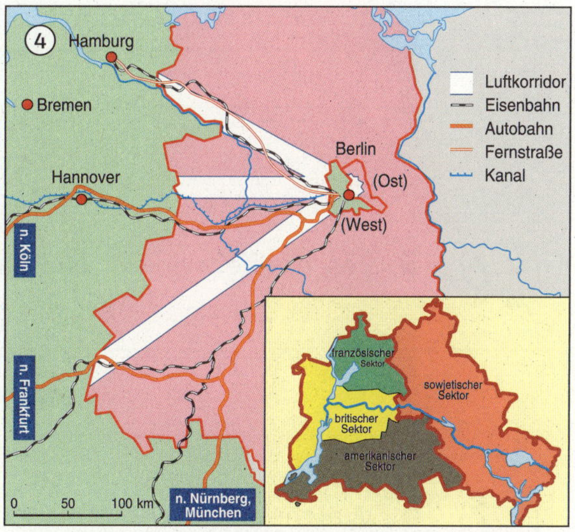

# Zwei Staaten entstehen nach 1945 in Karikaturen

1945

1955

**1** Notiere, für welche vier Länder die dargestellten Personen auf den Bildern stehen. Die Karte im Buch S. 168.2 hilft dir dabei.

______________________________________________

**2** Überlege, auf welche politische Situation auf dem ersten Bild (1945) hingewiesen wird?

______________________________________________

______________________________________________

**3** Beschreibe, wie sich die Personen auf dem zweiten Bild (1955) verhalten.

______________________________________________

______________________________________________

**4** Welche politische Entwicklung wird auf dem zweiten Bild dargestellt?

______________________________________________

______________________________________________

# Die Mauer wird gebaut

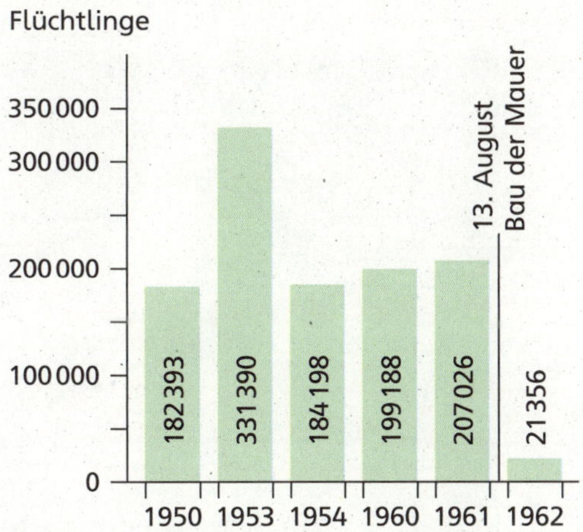


**Q1 Lebenserinnerungen eines Botschafters:** Der sowjetische Regierungschef Nikita Chruschtschow stimmte dem Mauerbau zu und äußerte sich wenige Jahre später: „Was sollte ich denn tun? Mehr als 30 000 Menschen, und zwar mit die besten und tüchtigsten Menschen aus der DDR, verließen im Monat Juni das Land … Man kann sich unschwer ausrechnen, wann die ostdeutsche Wirtschaft zusammengebrochen wäre, wenn wir nicht alsbald etwas gegen die Massenflucht getan hätten … Also blieb nur die Mauer übrig."

**1** Aus welchen Gründen wurde die Mauer gebaut?

**2** Die Menschen in der DDR hatten verschiedene Gründe für ihr Verhalten. Beende die beiden Sätze sinnvoll. Nutze dafür die Argumente unten auf dieser Seite.

Ich flüchte in die Bundesrepublik,

Ich bleibe in der DDR,

weil in der BRD die Kapitalisten die Arbeiter beherrschen

weil ich Kommunist bin

weil hier alle meine Freunde leben

weil mein Bruder in München lebt

weil ich mit der Politik einverstanden bin

weil ich hier politisch unterdrückt werde

weil ich meine eigene Firma aufbauen möchte

weil ich frei wählen möchte

zu Schülerband Seite 172/173

# Auf der Flucht erschossen

**Q1 Die Geschichte von Chris Gueffroy:** Als er sich weigert, nach der Schule eine Offizierslaufbahn in der Nationalen Volksarmee einzuschlagen, wird er nicht zum Abitur zugelassen. Damit platzen seine Träume, Schauspieler oder Pilot zu werden. Im September 1985 beginnt er eine Lehre als Kellner im Flughafen-Restaurant Schönefeld bei Berlin und arbeitet danach in verschiedenen Gaststätten. Als Chris Gueffroy Anfang 1989 erfährt, dass er im Mai zur Nationalen Volksarmee eingezogen werden soll, entschließen sich er und Christian G. Mitte Januar, die DDR zu verlassen.

Einen Ausreiseantrag wollen die beiden jungen Männer nicht stellen. Sie fürchten die damit zusammenhängenden üblichen Schikanen in Beruf und Privatleben. Von Freunden erfahren sie, der Schießbefehl sei ausgesetzt. Jetzt steht für sie fest: Sie werden versuchen, über die Mauer nach West-Berlin fliehen.

Am 5. Februar 1989 gegen 23.30 Uhr nähern sie sich den Sperranlagen vor dem Britzer Zweigkanal, der die Grenze zum West-Berliner Stadtbezirk Neukölln bildet. Sie haben zwei selbstgefertigte Wurfanker dabei, die ihnen helfen sollen, die Sperranlagen zu überwinden. Als sie den Signalzaun durchkriechen, lösen sie optischen und akustischen Alarm aus. Etwa 40 Meter von Chris Gueffroy entfernt geht ein Grenzsoldat in die Hocke und schießt Einzelfeuer. Mit dem Rücken zum Zaun wird Chris Gueffroy von einer Kugel ins Herz getroffen. Er sackt zusammen und stirbt innerhalb weniger Minuten an den Folgen seiner schweren Verletzung.

Hier wurde am
5. Februar 1989
der zwanzigjährige
**Chris Gueffroy**
(*21.6.1968)
getötet.

Er war der letzte Flüchtling,
der erschossen wurde,
als er versuchte, die DDR-Grenzanlagen zu überwinden.

**1** Beschreibe, welche Motive Chris Gueffroy für seine Flucht hatte.

---

---

**2** Unter dem Begriff „Wir machen rüber" (offiziell hieß es „Republikflucht") versuchten viele Menschen der DDR zu entgehen. Überlege dir weitere Gründe für eine Flucht.

---

---

# Jugend in beiden deutschen Staaten

**1** Setze die Begriffe in die richtigen Lücken ein:

**61 Mio. –18 Mio. – Hamburg, München, Köln – Ostberlin, Dresden, Leipzig – Spanien oder Italien – unserem Land – Berliner Mauer – die CDU, die CSU, die SPD und die FDP – die SED – USA – UdSSR – gegen Atomkraft – Stasi**

**Hallo, ich bin Stefan:**

Seit über 40 Jahren lebe ich in Würzburg. Ich möchte euch etwas über die alte Bundesrepublik Deutschland erzählen. Bei uns lebten etwa ______________ Menschen. Unser Staatsgebiet war 248 590 km² groß. Einige der schönsten und bekanntesten Städte bei uns waren ______________________________. Unseren Urlaub verbrachten wir am liebsten in unserem Land. Wir fuhren aber auch gerne nach ______________ ______________. Bei uns regierten abwechselnd verschiedene Parteien: ______________________. Die wichtigsten Partnerländer hießen ____________________________ und Frankreich. In den 80er-Jahren demonstrierten wir oft gegen Krieg und ______________________________. Den meisten Menschen ging es ziemlich gut in der Bundesrepublik.

**Hallo, ich bin Simone:**

Ich wurde 1965 in Dresden geboren. Ich möchte euch etwas über die DDR berichten. Bei uns lebten etwa ______________ Menschen. Die DDR war 108 178 km² groß. Unsere berühmtesten Städte waren __________ ______________________________. Unseren Urlaub verbrachten wir gerne in ________________ oder in Ungarn. Berlin war geteilt. Mitten durch die Stadt verlief die ______________. Bei uns regierte nur eine Partei: die __________. Der wichtigste Partner im Ausland war die ____________. Wer die DDR verlassen wollte, wurde grundsätzlich von der ____________ bespitzelt und bestraft. Auch wenn mir vieles nicht gefallen hat, ich hatte viele gute Freunde und wir waren ganz bestimmt nicht arm.

zu Schülerband Seite 176/177

# Der Mauerfall

**1** Überlege: Was forderten die Demonstranten von der Regierung der DDR? Schreibe die Forderungen auf die Plakate.

**2** Erfinde eine Zeitungsschlagzeile.

**Extrablatt**

10.11.89

______________________________

Völlig unerwartet erlaubte die Führung der DDR gestern Abend allen Bürgern Reisen ins westliche Ausland. 28 Jahre nach dem Bau der Mauer feierten Hunderttausende Ostberliner und Westberliner gemeinsam die neue Freiheit. Menschen aus allen Teilen der DDR setzten sich in ihre Autos und besuchten erstmals Verwandte und Bekannte in der Bundesrepublik.

**3** Spielt das Interview nach.

Interview mit Menschen aus Ostberlin am 9. November

**Frage:** Wie haben Sie sich heute Nacht gefühlt?

**Antwort:** ______________________________

______________________________

______________________________

**Frage:** Was werden Sie persönlich als nächstes tun?

**Antwort:** ______________________________

______________________________

______________________________

**Frage:** Was sind Ihre Forderungen und Wünsche für die Zukunft?

**Antwort:** ______________________________

______________________________

______________________________

zu Schülerband Seite 178/179

Die unter 20-Jährigen haben die DDR und die Berliner Mauer nie selbst erlebt. Trotzdem wird überall darüber gesprochen.
Was sagen die Menschen über die Wiedervereinigung Deutschlands? Was finden sie gut oder schlecht? Dazu muss man genauer hinhören.

**1** Ordne die Aussagen Menschen aus Ost oder West zu. Notiere dazu in die Sprechblasen O (Ost) oder W (West). Es geht auch beides.

**2** Schreibe dann die Äußerungen in das richtige Feld.

Auf demokratische Wahlen und Meinungsfreiheit haben wir lange gewartet. [ O ]

Früher hatten wir alle Arbeit. Heute gibt es viel mehr Arbeitslose. [ ]

Endlich dürfen wir reisen, wohin wir wollen. [ ]

Familien kommen wieder zusammen. [ ]

Es gibt heute viel mehr in den Geschäften zu kaufen. [ ]

Ost- und Westdeutschland sind noch lange nicht zusammengewachsen. [ ]

Positive Meinung über die Vereinigung: +

______________________________________________

______________________________________________

______________________________________________

______________________________________________

______________________________________________

Negative Meinung über die Vereinigung: –

______________________________________________

______________________________________________

______________________________________________

______________________________________________

# „Wenn ich an meine Zukunft denke …"

**1** Wie ist deine Meinung? Begründe.

Niemand kann sich alleine um seine Zukunft kümmern, weil

Besonders wichtig ist Unterstützung, wenn man

Hilfe ist nicht notwendig, wenn

zu Schülerband Seite 184/185

Menschen, Gruppen und Staaten schließen sich zusammen, um ihre Interessen zu vertreten. Dadurch können sie besser gemeinsam Ziele verfolgen und Erfahrungen austauschen. Bei Gefahr können sie zusammenstehen und sich besser wehren.

**1** Welche Aussage passt zu der Karikatur? Kreuze an.

- [ ] „Gemeinsam sind wir stark!"
- [ ] „Gegen die Mächtigen kann man nichts machen!"
- [ ] „Ich setze mich nicht für meine Interessen ein!"
- [ ] „Man muss sich Mitstreiter suchen!"
- [ ] „Für meine Interessen muss ich etwas tun!"

**2** Notiere unter das Foto, welche Gruppen dazu passen.

**Schülervertretung – Parteien – Gewerkschaften – DFB (Deutscher Fußball-Bund)**

___________________

___________________

___________________

___________________

# Freie, gleiche und geheime Wahlen

**1** Schreibe auf: Gegen welche Wahlgrundsätze verstoßen diese Äußerungen?

______________________________________________

______________________________________________

______________________________________________

## Geheime Wahlen! Wichtig oder unwichtig?

**2** Schreibe zu diesem Thema einen Kommentar und begründe deine Meinung.

Ich finde geheime Wahlen ______________, weil ______________

______________________________________________

______________________________________________

**1** Kennzeichne mit grün die Pro-Argumente und mit rot die Kontra-Argumente.

Wer nicht wählen geht, verhält sich undemokratisch.

Wählen ist Bürgerpflicht.

Im Verein und in der Gemeinde wird Politik unmittelbar erlebt. Da möchte ich mitmachen und dabei sein.

Wer nicht wählen geht, gibt seine Stimme automatisch der stärkeren Partei.

Wer nicht wählen geht, ist eigentlich mit allem zufrieden.

Das geht mich alles nichts an.

Wer nicht wählen geht, überlässt anderen die Entscheidung

Junge Menschen wollen auch ihre Interessen vertreten.

Man kann den Politikern einfach nicht vertrauen.

**2** Erläutere, welche Meinung du zu dem Thema „Wählen oder nicht wählen" hast.

# Was tun die Parteien für uns?

**1** Parteien sind überall in Deutschland vertreten. Welche Parteien in deiner Umgebung sind aktiv? Notiere hier die Parteien, die du gefunden hast.

**2** Formuliere mit deinem Partner oder deiner Partnerin Fragen, die für euch wichtig sind, an die politischen Parteien, zum Beispiel zum Thema: Schule, Umwelt oder konkrete Projekte.
Eine Frage könnte lauten: Was tut Ihre Partei für die Jugendlichen in unserem Stadtteil?

zu Schülerband Seite 190

# Gewaltenteilung sichert die Demokratie

Im Grundgesetz ist die Gewaltenteilung vorgeschrieben, um die Demokratie zu sichern und vor Bestechlichkeit oder anderem Missbrauch zu schützen. Gewaltenteilung bedeutet, dass sich drei voneinander unabhängige Staatsorgane gegenseitig kontrollieren sollen: **Die ausführende Gewalt** (sichert die Umsetzung der Gesetze), **die gesetzgebende Gewalt** (erlässt die Gesetze) und **die richterliche Gewalt** (urteilt und verurteilt). Man nennt diese auch die drei Säulen der Demokratie.

**Gesetzgebende Gewalt**
Bundesrat
Bundestag
**(Parlament)**

______________________
______________________
______________________
______________________
______________________
______________________
______________________
______________________

**Ausführende Gewalt**
Bundeskanzler/in
und -minister/in
**(Regierung)**

______________________
______________________
______________________
______________________
______________________
______________________
______________________
______________________

**Richterliche Gewalt**
Bundesverfassungsgericht

______________________
______________________
______________________
______________________
______________________
______________________
______________________
______________________

**1** Ordne die folgenden Begriffe den drei Gewalten zu und trage die Namen in die passenden Kästen.

**Abgeordnete – Amtsgericht – Bundesrat – Bundesregierung – Bundesverfassungsgericht – Polizei – Landesregierung – Landtag – Richterin – Verwaltung – Finanzbeamte**

zu Schülerband Seite 192

# Wer macht Politik?

**1** Suche Bilder in Zeitungen und klebe sie ein.

**2** Trage die Namen von Bundeskanzler/in und Bundespräsidenten und eines Ministers oder einer Ministerin ein.

Bundespräsident/in ______________________

______________________

Bundeskanzler/in ______________________

______________________

Minister/in für ______________________

______________________

Wahlberechtigte Bevölkerung

# Rechtsextremismus und Fußball

**„Affe, Bimbo, Nigger"**
Wie verarbeitet es ein Spieler, wenn er regelmäßig Opfer rassistischer Beleidigungen in einem Fußballstadion wird? Adebowale Ogungbure (25) berichtet einer Zeitung seine bedrückenden Erfahrungen. (Nov.2006)

**Reporter:** Herr Ogungbure, wenn Sie mit Sachsen Leipzig in der Oberliga spielen, werden Sie immer wieder beschimpft, weil Sie eine andere Hautfarbe haben. Warum machen Menschen so was?
**Adebowale Ogungbure:** Ganz einfach: Weil diese Leute Idioten sind. Die sind dumm, haben keine Erziehung und in der Schule nichts gelernt. Wenn sie gebildet wären, würden sie das nicht tun.

**1** Schreibe auf, was Adebowale Ogungbure genau meint und wie er sich die Beleidigungen erklärt.

______________________________

______________________________

**2** Wie würdest du reagieren, wenn dir als Spieler das Gleiche passieren würde wie Ade Ogungbure?

______________________________

______________________________

**3** Der Deutsche Fußball-Bund sperrt rechtsradikale Vereine und bestraft sie. Fans zeigen ihre Unterstützung mit der roten Karte. Es gibt noch viele andere, sehr gute Möglichkeiten, sich gegen Rassismus zu wehren. Hast du eine Idee? Notiere sie.

______________________________

______________________________

______________________________

______________________________

______________________________

______________________________

Fußballfans zeigen die „Rote Karte gegen Rassismus" bei einem Bundesligaspiel.

# Inländer und Ausländer

In Deutschland leben mehr als sieben Millionen Ausländer, das sind ca. 9 % der Gesamtbevölkerung. Sie sind oftmals vielfältigen Diskriminierungen und Bedrohungen ausgesetzt und der alltägliche Umgang ist häufig von Unsicherheiten gekennzeichnet.

**1** Setz dich mit dieser Karikatur auseinander.

a) Was siehst du (Personen, Gegenstände, Kleidung, Text usw.)?

_______________________________________________

_______________________________________________

b) Was fällt dir an der Karikatur besonders auf?

_______________________________________________

_______________________________________________

c) Worum geht es in der Karikatur?

_______________________________________________

_______________________________________________

d) Welche Gedanken und Gefühle löst die Karikatur in dir aus?

_______________________________________________

_______________________________________________

e) Was will der Zeichner wohl mit der Karikatur aussagen?

_______________________________________________

_______________________________________________

# Zivilcourage

**1** Was ist für Zivilcourage wichtig? Bringe die Aussage in eine Reihenfolge: An erster Stelle (1.) steht das Wichtigste.

| | |
|---|---|
| | Der eigenen inneren Stimme gehorchen |
| | Risikobereitschaft |
| | Sich in Übereinstimmung mit den gesellschaftlichen Grundwerten befinden |
| | Mut |

| | |
|---|---|
| | Von anderen Zuspruch und Unterstützung erhalten |
| | Angst überwinden |
| | Konsequenzen in Kauf nehmen |
| | Vorbilder haben |
| | Gläubig sein |

**2** Kreuze an: Was wird die junge Frau wohl denken und fühlen? Mehrere Kreuze sind möglich.

- ☐ Es könnte gefährlich sein.
- ☐ Hier kann ich ja doch nicht helfen.
- ☐ Ich weiß nicht, was ich tun soll.
- ☐ Was geht mich das an?
- ☐ Das Opfer ist doch selber Schuld.
- ☐ Hierfür sind andere zuständig.
- ☐ Wenn andere nicht helfen, dann …

**3** Notiere deine Ideen.

**Was sollte die junge Frau tun?**

1. ______________________

2. ______________________

3. ______________________

**Was sollte sie auf keinen Fall tun?**

1. ______________________

2. ______________________

3. ______________________

# Demokratisch – undemokratisch

**1** In diesem Rätsel sind 10 Begriffe zum Thema „demokratisch – undemokratisch" versteckt. Suche diese Begriffe und begründe, warum sie für eine Demokratie wichtig sind, bzw. eine Gefahr für eine Demokratie darstellen. Sie können waagrecht, senkrecht oder diagonal geschrieben sein.

| K | R | I | M | A | C | H | T | G | F |
|---|---|---|---|---|---|---|---|---|---|
| Q | O | A | E | F | B | Z | U | L | R |
| W | W | N | S | A | E | H | J | E | E |
| F | A | U | T | S | E | G | H | I | I |
| F | H | J | D | R | I | G | I | C | H |
| T | L | M | F | G | O | S | R | H | E |
| U | E | N | A | X | C | L | M | Z | I |
| A | N | G | S | T | D | A | L | U | T |
| I | M | B | K | O | P | L | Ö | E | S |
| T | O | L | E | R | A | N | Z | Ä | O |
| U | N | F | R | E | I | H | E | I | T |
| M | I | S | S | B | R | A | U | C | H |

**2** Ordne die Begriffe richtig ein:

Für eine Demokratie wichtig:

Eine Gefahr für eine Demokratie:

# Checkliste Demokratie in der Schule

Demokratie setzt Anerkennung und Möglichkeiten der Mitgestaltung voraus. Dies sollte auch in der Schule gelten. Wie sieht es in deiner Schule aus?

**1** Erstelle dein **Demokratieprofil** für die Schule. Lies zuerst die Äußerungen. Gib dann deine Bewertungen ab. Zeichne dazu Punkte (insgesamt 8) an die richtige Stelle. 1 heißt trifft voll zu, (...) 6 – trifft überhaupt nicht zu.

**In der Klasse ...**

A ... werden Konflikte besprochen und gemeinsam gelöst.

B ... wird einander zugehört, niemand herabgesetzt oder beleidigt.

**Lernen ...**

... bedeutet auch, dass Schwächere unterstützt und gefördert werden. C

... richtet sich an der Lebenswirklichkeit der Schüler aus. D

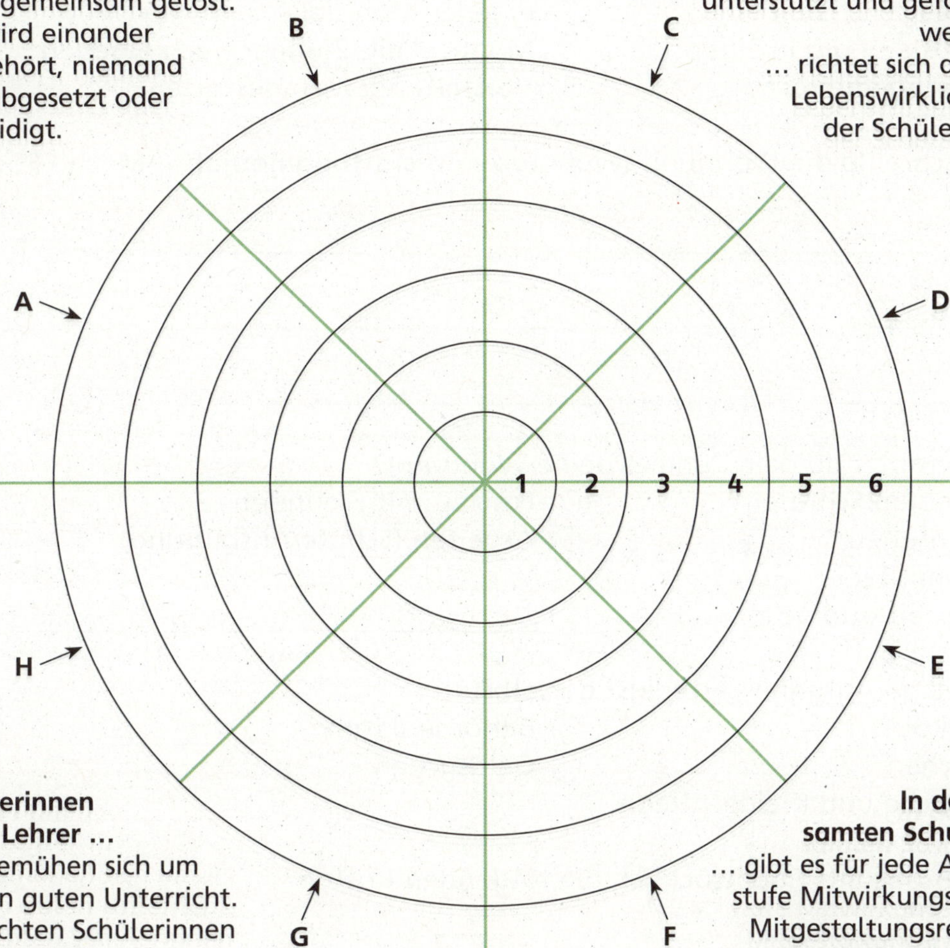


**Lehrerinnen und Lehrer ...**

H ... bemühen sich um einen guten Unterricht.

G ... achten Schülerinnen und Schüler.

**In der gesamten Schule ...**

... gibt es für jede Altersstufe Mitwirkungs- und Mitgestaltungsrechte. E

... finden regelmäßig Schulversammlungen statt. F

**2** Vergleiche deine Einschätzung mit deinem Partner. Sprecht darüber.

**3** Könnte etwas verändert werden? Schreibe es hier stichwortartig auf.

___

___

___

# Eine eigene Wohnung – Ein Fragebogen

**1** Suche in deiner Umgebung junge Menschen (Verwandte, Freunde oder Nachbarn) und befrage sie mithilfe dieses Fragebogens nach ihrer Wohnsituation:

1. Mein(e) Gesprächspartner(in):

◯ weiblich
◯ männlich
◯ verfügt über ein eigenes Einkommen
◯ ______________________

2. Grundsätzliche Wohnsituation:

◯ in der Familie
◯ alleine
◯ selbstständig in einer Wohngemeinschaft
◯ eigenes Zimmer
◯ eigenes Mobiliar
◯ Möglichkeit, Zimmer nach eigenen Vorstellungen zu gestalten

3. Beschreibe die Wohnung (Wohnlage/Ausstattung/Baujahr). Mache Stichwörter.

______________________

______________________

______________________

4. Wie nutzt du dein Zimmer/deine Wohnung?

◯ nur zum Schlafen
◯ Fernsehen
◯ Computer
◯ Freizeit alleine
◯ Freizeit mit Freunden
◯ Arbeiten (Schule/Ausbildung)
◯ ______________________

5. Welche Aufgaben erledigst du selbst?

◯ Einkaufen
◯ Kochen
◯ Wäsche und Kleiderpflege
◯ Behördenkram
◯ Geldsachen
◯ ______________________
◯ ______________________

6. Wer bezahlt hauptsächlich die folgenden Kosten?

Miete ______________________ Reparaturen ____________

Essen ______________________ Raten- oder Sparverträge ____________

Kleidung ______________________ Freizeit ____________

Fahrzeug ______________________ ______________________

7. Wie ist deine Wohnsituation?

◯ zufriedenstellend
◯ nicht zufriedenstellend
◯ es gibt viel Stress
◯ (zu) teuer
◯ schwierig
◯ ______________________
◯ ______________________

# Wohnungssuche in der Zeitung



**2 ZDB, EBK,** WFL 45 $m^2$, EG, ab 1.12.,KM € 240,– einschl. NK, ETH 2 MM Kaut., WBS E. Schmitz Immobilien, Martinstraße 2, München ✆ 089/12345678 MO–FR. 8.00–12.00 Uhr und 14.00–16.00 Uhr

**1** Schreibe die Abkürzungen der Wohnungsanzeige aus:

| | |
|---|---|
| 2 ZKDB = | |
| EG = | |
| | |
| | |
| | |
| | |

**2** Schneide eine Wohnungsanzeige aus der Zeitung aus, klebe sie ein und schreibe auch hiervon die Abkürzungen aus.

**3** Schreibe den folgenden Text als Zeitungsanzeige mit Abkürzungen.

Suche einen Nachmieter für meine Wohnung in der Innenstadt von Freiburg. Die Wohnung hat 3 Zimmer und ist 76 $m^2$ groß. Sie liegt in der 1. Etage und hat eine Küche, eine Diele, ein Bad, ein eigenes Gästeklo und einen Balkon. Die Wohnung verfügt über einen Parkettboden und einen Keller. Die Miete beträgt 450,– €, dazu kommen noch die Betriebskosten und Heizungskosten in Höhe von 240,– €. Allerdings muss der zukünftige Mieter keine Provision an einen Makler zahlen. Bewerbungen bitte unter der Telefonnummer ........................

# Antrag auf Erteilung eines Wohnberechtigungsscheines

**1** Fülle das Formular (Auszug) aus.

## Antrag auf Wohngeld – Mietzuschuss

☐ **Erstantrag**
☐ **Weiterleistungsantrag wegen Ablauf des Bewilligungszeitraumes (BWZR)** (frühestens zwei Montate vor Ablauf des BWZR)
☐ **Erhöhungsabtrag (bei Änderungen im laufenden BWZR)**
**Falls bekannt, tragen Sie bitte hier Ihre wohngeldnummer ein:**

| | | | | | | | | | | | |
|---|---|---|---|---|---|---|---|---|---|---|---|
| | | | | | | | | | | | |

**Zutreffendes bitte ankreuzen bzw. ausfüllen**
Zu den mit **( )** gekennzeichneten Fragen gibt es im Hinweisblatt gesonderte Erläuterungen.

Eingangsstempel der Wohngeldstelle

| | |
|---|---|
| (1) | **Antragstellende Person**<br>(Familienname, ggf. Geburtsname) (Vorname) (Geburtsdatum) (Telefonnummer/E-Mail-Adresse) |
| | **Persönliche Verhältnisse:** ☐Arbeiter(in) ☐Rentner(in) ☐Angestellte(r) ☐Arbeitslose(r) ☐Student(in) ☐Beamter(in) ☐Selbständige(r) ☐Auszubildende(r) ☐sonst. Nichterwerbstätige(r) ☐Pensionär(in) |
| 2 | **Anschrift der Wohnung, für die Wohngeld beantragt wird**<br>(Postleitzahl, Ort, Straße, Hausnummer, Etage, ggf. Wohnungsnummer) |
| 3 | **Geben Sie bitte die Bankverbindung an, auf welche das Wohngeld überwiesen werden soll:**<br>**Die Bankverbindung lautet** – **Name des Kreditinstituts** – **Bankleitzahl** – **Kontonummer** |
| (4) | **Bildet der Wohnraum, für den Wohngeld beantragt wird, für alle Personen, die den Wohnraum bewohnen, den Mittelpunkt der Lebensbeziehungen)** ☐ nein ☐ ja<br>Wenn **nein**: Welche Person hat ihren Mittelpunkt der Lebensbeziehungen **nicht** im Haushalt? |
| 5 | **Ich bin**<br>☐ **Hauptmieter(in)** ☐ **Untermieter(in)** ☐ **Bewohner(in) einer Wohnung im eigenen Mehrfamilienhaus** ☐ **Heimbewohner(in)** **der Wohnung, für die Wohngeld beantragt wird.** |
| 6 | **Wer hat Ihnen die Wohnung vermietet oder untervermeitet? (**bitte Anlage „Angaben des Vermieters zum Wohnraum oder ggf. Untervermietung" bzw. entsprechende Nachweise über die Höhe der Miete beifügen)<br>Name, Vorname, Anschrift, ggf. Telefonnummer |
| | **Wie hoch ist die monatliche Miete/das Nutzungsentgelt für Ihren Wohnraum einschließlich Betriebskosten** (z.B. für Heizung, Wasser, Kanal, Müll) € |
| 7 | **Seit wann bewohnen Sie bzw. die zu Ihrem Haushalt rechnenden Personen die Wohnung, für die Sie Wohngeld beantragen?** Tag Monat Jahr |
| | **Haben Sie einen Teil Ihrer Wohnung einer anderen Person untervermietet oder kostenlos überlassen oder benutzt eine nicht zum Haushalt rechnende Person die Wohnung mit?** ☐ nein ☐ ja<br>Wenn ja, bitte fügen Sie die Anlage „Untervermietung" bei. |

**2** Besorge dir bei dem für dein Wohngebiet zuständigen Wohnungsamt bzw. Einwohnermeldeamt einen entsprechenden Antrag auf Erteilung eines Wohnberechtigungsscheines.

# Wo bleibt mein Geld?

**1** Berechne die Einnahmen, Abzüge und das Nettoeinkommen.
Frau Wimmer ist Angestellte in einem Einkaufszentrum, sie hat 2 Kinder.
Die Beträge sind auf- bzw. abgerundet.

| | | | |
|---|---|---|---|
| Grundlohn | 1 200 € | Lohnsteuer/ | € |
| Überstunden | 325 € | Kirchensteuer | € |
| Kindergeld | 308 € | Sozialversicherung | € |
| Einnahmen: | | Abzüge: | € |

Einnahmen: ____________

Abzüge: ____________

Nettoeinnahmen: ____________

**2** Sieh dir die Grafik an: Wo bleibt das Haushaltsgeld?

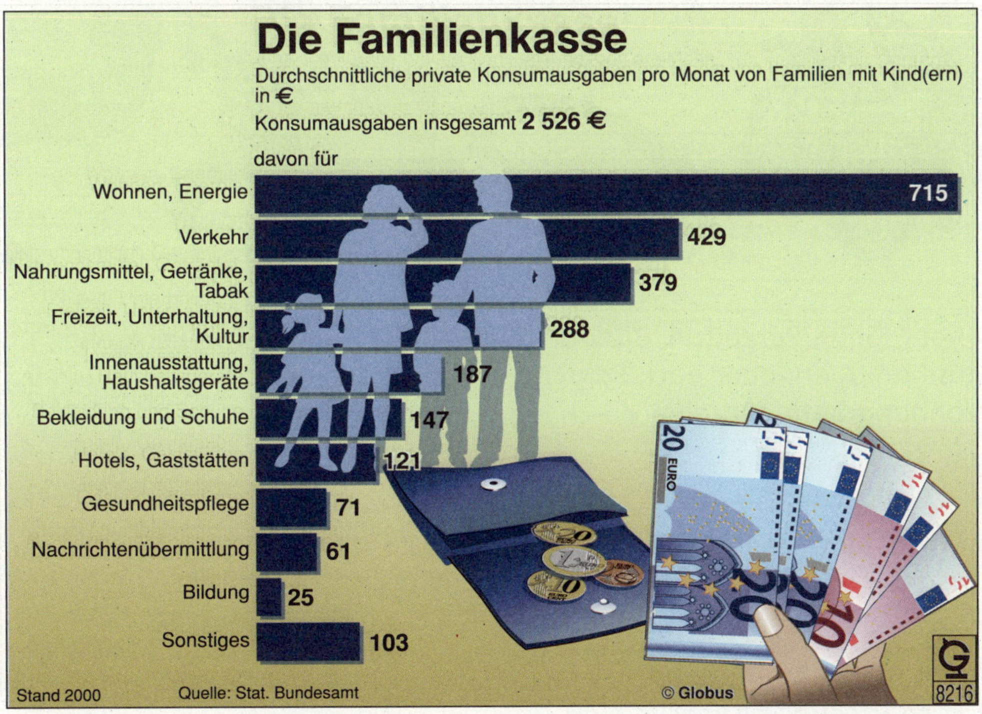


**3** Für welche Bereiche geben die Haushalte in Deutschland das meiste Geld aus?

1. ____________
2. ____________
3. ____________

# Versicherungen – muss das sein?

**1** Ordne die Versicherungen den Textfeldern zu.

**Haftpflichtversicherung – Lebensversicherung – Hausratversicherung – Unfallversicherung – Rechtsschutzversicherung**

Wenn man in einen Rechtsstreit verwickelt ist, übernimmt die

______________________________

die Kosten für den Anwalt und die Gerichtskosten.

Im Todesfalle bezahlt eine

______________________________

eine vorher vertraglich vereinbarte Summe an die Hinterbliebenen, in der Regel an den Ehepartner oder an die Kinder.

Möbel, Geld, Porzellan, Bilder, elektronische Geräte wie Fernseher, Computer, Musikanlagen, aber auch Fahrräder und Maschinen, die sich in einer Wohnung befinden, sind durch die

______________________________

im Falle eines Brandes, eines Diebstahls, Zerstörung durch Wasser und Unwetter versichert.

**Fahrlässig:** etwas ohne Absicht verschulden

**Grob fahrlässig:** etwas verschulden und dabei mögliche Konsequenzen mit in Kauf nehmen

Schäden, die man unabsichtlich, d. h. fahrlässig verursacht, sind durch die

______________________________

abgedeckt. Diese Versicherung gehört zu den wichtigsten Versicherungen, die auch junge Menschen beim Eintritt in das Berufsleben abschließen sollten.

Die ______________________________

übernimmt die Folgekosten eines Unfalles wie z. B. Invalidität. Hierbei muss nachgewiesen werden, dass der Versicherte sich nicht grob fahrlässig verhalten hat.

# Verträge verpflichten

Kerstin interessiert sich für den gebrauchten SOLO. Sie hat aber lediglich 500,– € auf ihrem Sparkonto. Sie erkundigt sich bei einem Autohändler und bei einer Bank nach Möglichkeiten der Finanzierung.

**SCHUFA =** Schutzgemeinschaft für allgemeine Kreditsicherung

Beide machen ihr ein Angebot. Der Autohändler und die Bank wollen das Einverständnis von Kerstin, damit sie Auskünfte bei der SCHUFA einholen können. Die SCHUFA gibt Auskunft, ob sie z. B. schon einen Kredit bei einer anderen Bank oder Sparkasse aufgenommen hat oder kreditwürdig ist.

| ***Angebot des Autohauses Franken*** | |
|---|---|
| *Kaufpreis* | *3500,– €* |
| *Anzahlung:* | *500,– €* |
| *Finanzierung über* | *3000,– €* |
| *Laufzeit: 36 Monate* | |
| *Effektiver Jahreszins:* | *8,49 %* |
| *Monatl. Rate:* | *92,– €* |
| *Incl. Restschuldversicherung* | |

| ***Angebot Bank:*** | |
|---|---|
| Darlehensbetrag: | 3000 € |
| Zins/Monat | 0,45 % |
| Zinsanteil | 302 € |
| Summe Gebühren u. Ausl. | 60 € |
| Monatl. Raten | 140 € |
| Letzte Rate | 142 € |
| Laufzeit: 24 Monate | |
| Effektivzins | 11,79 % |

**1** Die beiden Angebote sind nicht so ohne Weiteres miteinander zu vergleichen. Einen Vergleich kannst du herstellen, indem du die Anzahl der Monate mit der Höhe der monatl. Rate malnimmst. Jetzt kannst du ausrechnen, wie hoch der tatsächliche Anschaffungspreis für das Auto ist.

36 Monate x …

24 Monate x …

**Vorsicht!**
**Lass dir beim Abschluss eines Kredit- oder Darlehensvertrages von einem unabhängigen Fachmann helfen!**

# Schulden – und was dann?

**1** Trage in jeden Kasten die richtige Überschrift ein.

**Vollstreckungsbescheid – Mahnbescheid – Pfändungsbeschluss – Mahnung**

___

Jemand (Schuldner) hat seine Schulden nicht bezahlt. Er wird vom Gläubiger mit Mahnungen an seine Zahlungsverpflichtungen erinnert. Bei der letzten Mahnung wird ihm das gerichtliche Mahnverfahren angedroht. Jetzt schon ist der Schuldner verpflichtet, Verzugskosten und Mahngebühren zusätzlich zu zahlen.

___

Jetzt fordert ein Gericht den Schuldner auf, seine Schulden zu bezahlen. Vorsicht: Das Gericht prüft nicht, ob die Forderungen berechtigt sind oder nicht. Gegen diesen gerichtlichen Bescheid kann der Schuldner innerhalb von 14 Tagen Widerspruch einlegen. Wenn dem Widerspruch nicht stattgegeben wird, kommen weitere Kosten zu den Schulden, den Verzugskosten und den Mahngebühren hinzu.

___

Das Gericht fällt jetzt ein Urteil, in dem es zum letzten Mal den Schuldner auffordert, die Schulden zu bezahlen. Das Urteil hat für den Gläubiger den Vorteil, dass er jetzt berechtigt ist, seine Geldforderungen durch Pfändungen eintreiben zu lassen. Das Urteil besagt aber noch nicht, dass schon gepfändet wird. Ein solches Urteil hat eine sehr lange Gültigkeit. Für den Schuldner wird die Situation immer prekärer; denn zu alledem kommen weitere Gerichtskosten.

**Prekär:** misslich, schwierig, bedenklich

___

Zum Schluss kann der Gläubiger bei Gericht beantragen, dass gepfändet wird. Das Gericht führt einen Beschluss herbei. Dieser Beschluss kann

a) in einer Sachpfändung bestehen: Der Gerichtsvollzieher kommt in die Wohnung des Schuldners und beschlagnahmt Gegenstände, die einen gewissen Wert darstellen, wie Möbel, Elektronikgeräte, Schmuck o. ä. Diese Gegenstände werden dann in der Regel versteigert (Zwangsversteigerung). Das Geld, das hier eingenommen wird, erhält der Gläubiger bzw. das Gericht.

b) in einer Lohnpfändung bestehen: Der Arbeitgeber wird verpflichtet, einen Teil des Lohnes an den Gläubiger zu zahlen. Selbst die Agentur für Arbeit kann verpflichtet werden, einen Teil des Arbeitslosengeldes an den Gläubiger zu zahlen.

**1** Setze die folgenden Begriffe in den Lückentext ein.

**Mahnungen – finanzielle Notlage – Gläubiger – Verschuldung – Schuldnerberatung – Arbeitslosengeldes – Schuldenfalle – Sachpfändung – Räumungsklage – Telefonsperre – Mahnbescheid – Pfändung – langfristige Ratenverträge – Lohn- oder Gehaltspfändung**

Auch junge Menschen können schnell in eine ______________________ kommen. Durch Handyverträge, durch unbewusste Käufe im Internet oder durch ______________________ kommen sie in eine finanzielle Abhängigkeit. Werden sie dann auch noch arbeitslos, ist die ______________ perfekt. Besonders der Gebrauch des Handys ist in vielen Fällen der Beginn in die ______________ junger Menschen. Wenn man eine Rechnung nicht bezahlen kann, erhält man zunächst eine oder sogar mehrere ______________. Im Falle der nicht bezahlten Handyrechnung wird sehr schnell eine ________________ vonseiten des Anbieters eingerichtet. Ist man zudem nicht in der Lage, andere Rechnungen wie Strom, Wasser, Miete oder Versicherungen zu bezahlen, drohen weitere Konsequenzen. Der Vermieter kann eine ____________________ erwirken. Es kann auch zu einer ______________ kommen. Vorher erhält der Schuldner einen Mahnbescheid des Gerichtes. Bei einer ______________________ wird das Gehalt oder der Lohn gepfändet, d. h. der Arbeitgeber oder die Arbeitsagentur bezahlt einen Teil des Lohnes/des ________________ direkt an die ______________. Bei einer ________________ werden private Gegenstände des Schuldners beschlagnahmt und versteigert. Bevor es soweit kommt, sollten Menschen, die in eine finanzielle Notsituation gekommen sind, sich an die Schuldnerberatung wenden. Die ________________ berät die Hilfesuchenden und zeigt Möglichkeiten auf, wie der Schuldner seinen Schuldenberg gezielt abbauen kann.

# Gewusst wo: Europa

**1** Was ist denn mit Europa los?
Hier ist einiges durcheinander geraten.
Welche Länder sind abgebildet? Wie heißen ihre Hauptstädte?
Trage die Namen ein.

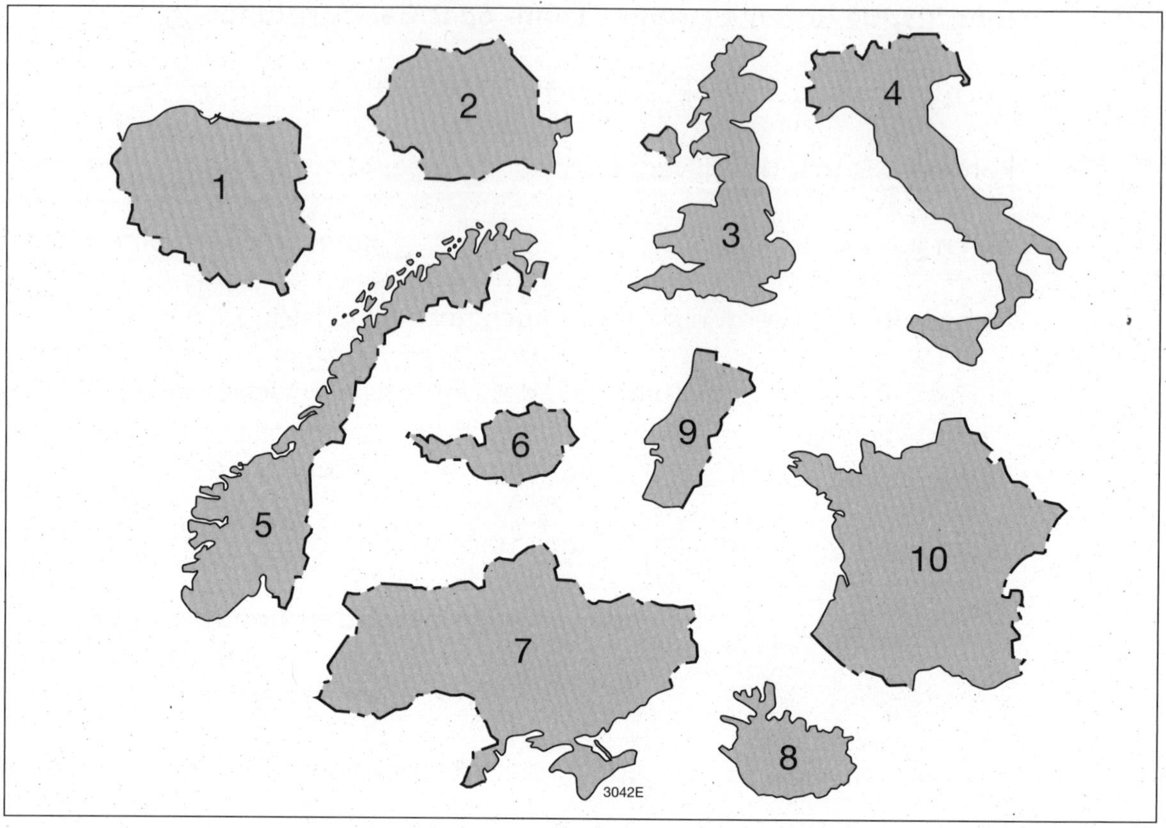


| | Land | Hauptstadt |
|---|---|---|
| 1 | | |
| 2 | | |
| 3 | | |
| 4 | | |
| 5 | | |
| 6 | | |
| 7 | | |
| 8 | | |
| 9 | | |
| 10 | | |

# Wie ein Kontinent seinen Namen bekam

Eine alte griechische Sage erzählt, wie der Kontinent Europa seinen Namen bekam. Auch die Bildergeschichte erzählt diese Sage.

**1** Schreibe in kurzen Sätzen neben jedes Bild, was dort passiert.

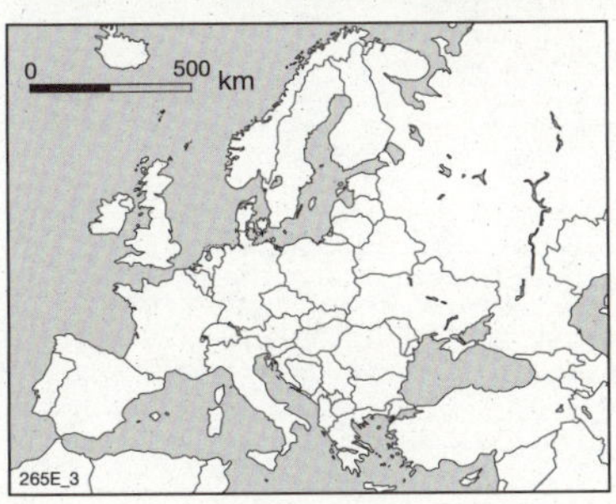


zu Schülerband Seite 224

# Die Staaten Europas

**1** Zeichne die Staatsgrenzen rot nach.

**2** Beschrifte die Staaten Europas.

# Verkehrswege in Europa

**1** Nenne fünf Städte, die bedeutende Verkehrsknotenpunkte sind.

______________________________________________

**2** Schreibe auf, durch welche Städte du kommst, wenn du mit der Eisenbahn fährst von

a) Wien nach Moskau ______________________

b) Kopenhagen nach Rom ______________________

c) Paris nach Bukarest ______________________

d) Madrid nach Warschau ______________________

**3** Miss nun die Entfernungen (Luftlinie) zwischen

a) Lissabon – Madrid ________ d) Moskau – Kiew ________

b) Warschau – Belgrad ________ e) Rom – Berlin ________

c) Stockholm – Kopenhagen ________ f) Sofia – Ankara ________

# Der Weg in das geeinte Europa

**1** Vervollständige mithilfe des Schulbuchs (S. 230) die Texte 1 bis 7.

① 1951 unterzeichnen die folgenden sechs Länder die Verträge zur Gründung der Europäischen Wirtschaftsgemeinschaft (EWG):

______________________________

② 1967 wird der Name dieser Gemeinschaft geändert. Sie heißt nun

______________________________

③ Die Europäische Gemeinschaft wird größer. Es treten bei:

1973: ______________________________

1981: ______________________________

1986: ______________________________

④ Aus der Europäischen Gemeinschaft (EG) wird im Jahr 1993 die

______________________________

⑤ Im Jahr 1995 treten drei weitere Staaten der Union bei: ________

______________________________

______________________________

⑥ Im Jahre 2002 wird der Euro in einigen Ländern der EU als

______________________________

eingeführt.

⑦ 1. Januar 2004 hat die EU 25 Mitgliedstaaten. Neu aufgenommen wurden:

______________________________

______________________________

______________________________

______________________________

2007 kamen Bulgarien und Rumänien dazu.

1 Male die Länder der EU gelb an.

2 Schreibe in die Länder, die an der europäischen Währungsunion teilnehmen, das Euro-Zeichen (€).

# So funktioniert die Europäische Union

**1** Vervollständige die Texte 1 bis 6. Setze die folgenden Begriffe in die Lücken ein:

**Europäischer Gerichtshof – Europäisches Parlament – Europäischer Rat – Rat der Europäischen Union (Ministerrat) – Europäischer Rechnungshof – Europäische Kommission**

① Im ______________________________

______________________________

(Ministerrat) treffen sich die jeweiligen Fachminister und vertreten die Interessen ihrer Länder.

② Im ______________________________

______________________________

treffen die Regierungschefs aller Mitgliedsstaaten die wichtigsten Entscheidungen und legen die Ziele der Politik der EU fest.

③ Das ______________________________

______________________________

gilt als der Gesetzgeber der EU. Es wird von allen wahlberechtigten Bürgerinnen und Bürgern der EU direkt gewählt.

④ Die ______________________________

______________________________

ist die Regierung der EU und vertritt die Interessen der EU in aller Welt. Sie bereitet Gesetze vor, sorgt für deren Einhaltung, erarbeitet Vorschläge für neue Gesetze, verwaltet die Gelder der EU und wacht über die Einhaltung von Verträgen.

⑤ Der ______________________________

______________________________

ist das oberste Gericht der EU. Es prüft, ob alles mit rechten Dingen zugeht. Die Mitgliedsstaaten, aber auch die einzelnen Bürger können hier ihr Recht einklagen.

⑥ Alle Mitgliedsstaaten zahlen Gelder in die Kasse der EU ein, damit diese funktioniert und Projekte unterstützt werden können.

Der ______________________________

prüft, ob die Gelder richtig ausgegeben werden.

# Meere, Gebirge und Flüsse in Europa

**1** Auf dieser Karte findest du wichtige Meere, Flüsse und Gebirge in Europa. Male Flüsse rot und Gebirge braun an.

**2** Trage in die Karte die Namen der Meere, Gebirge und Flüsse ein. Nimm einen Atlas zu Hilfe.

# Die Weltbevölkerung wächst

**1** Die Weltbevölkerung wächst sehr stark. Schreibe zwei Gründe auf, warum das so ist.

**2** Überlege: Warum bekommen Frauen in den armen Ländern oft mehr Kinder, als Frauen in reicheren Ländern? (Die Lebensläufe von Eden und Julia, Buch S. 239 helfen dir dabei. Nenne mindestens zwei Gründe.)

**3** Schreibe auf: Was brauchen Menschen in armen Ländern, damit es ihnen besser geht?

**1** Werte die Karikatur aus (siehe Methodenseite S. 17).

**1. Schritt:** Was ist auf dem Bild zu sehen?

**2. Schritt:** Wie ist auf der Karikatur etwas dargestellt worden?

**3. Schritt:** Warum sind die Aussagen in der Karikatur so gemacht worden?

# Menschenrechte – für alle?

**1** Jedes dieser Bilder steht für einen Artikel der Menschenrechte. Ordne die Texte den Bildern mit Pfeilen zu. Vergiss dabei nicht, die Texte genau zu lesen.

Artikel 2:
Niemand darf unterschiedlich behandelt werden. Wir haben ein Recht auf Gleichbehandlung. Die Rechte gelten für alle Menschen, wie auch immer sie sich nach Sprache, Aussehen, Hautfarbe oder Religion unterscheiden mögen.

Artikel 12:
Das Recht auf Privatleben. Niemand darf unseren guten Namen in den Schmutz ziehen. Niemand darf ohne Erlaubnis oder guten Grund in unsere Wohnung kommen oder unsere Briefe öffnen oder uns und unsere Familie belästigen.

Artikel 24:
Das Recht zu spielen. Wir alle haben das Recht auf Freizeit und Erholung.

Artikel 16
Heirat und Familie. Jeder Erwachsene hat das Recht zu heiraten und eine Familie zu gründen, wenn er will. Mann und Frau haben in der Ehe und auch bei deren Auflösung die gleichen Rechte.

Artikel 17:
Unser Eigentum. Jeder hat das Recht, etwas zu besitzen und es mit anderen zu teilen. Niemand darf uns ohne guten Grund Dinge wegnehmen.

Artikel 26:
Das Recht auf Bildung. Grundlegende Bildung (wie die Grundschule) darf kein Geld kosten. Bildung muss die Achtung vor den Menschenrechten stärken und zu Verständnis, Toleranz und Freundschaft zwischen den Nationen und den Menschen beitragen.

**1** Schreibe auf:

a) Nenne Nachteile, die Kinder haben, die schon mit 9 Jahren arbeiten müssen.

b) Gib Gründe an, warum Kinder schon so früh in manchen Ländern arbeiten müssen.

c) Überlege, warum es in Deutschland keine Kinderarbeit gibt.

**2** Beschreibe, was dir alles gefehlt hätte, wenn du schon so früh hättest arbeiten müssen.

zu Schülerband Seite 243

# Die UNO – ein Bündnis für den Frieden

**1** Setze folgende Wörter richtig ein:

**Vereinte Nationen – Frieden – weiß – Staaten – China – Gründungsstaaten – Bedrohung – England – Zerstörung – Frankreich – blau – USA – Russland – UNO**

Die ______________________________

wurden am 26.06.1945 gegründet.

______________ (United Nations

Organization) ist die englische

Abkürzung. Gründungsstaaten

waren ____________________,

____________________, ____________________, ____________________,

____________________. Ziel der Organisation war es, die ____________________

und ____________________ durch Kriege zu vermeiden. Heute gehören fast alle

__________________________ der UNO an. Hauptziel der UNO ist es, unter

allen Nationen __________________ zu schaffen. Die Farben des UNO-Symbols

sind ______________ und ______________.

**2** Beantworte die Fragen:

a) Was ist auf dem UNO-Symbol abgebildet?

______________________________________________

______________________________________________

b) Warum nennt man die UNO-Soldaten „Blauhelmsoldaten“ und welchen Hintergrund hat das?

______________________________________________

______________________________________________

______________________________________________

**1** Hier siehst du Fotos von Bundeswehrsoldaten, die in verschiedenen Bereichen tätig sind. Schreibe die Aufgaben neben die Bilder: Das Buch S. 246/247 hilft dir dabei.

# Wehrdienst und Zivildienst

| Aussagen zum Wehr- und Zivildienst | Meinungsskala | |
|---|---|---|
| | ← *stimme ich nicht zu* | *stimme ich zu* → |
| Wehrpflicht ist eine Bürgerpflicht. | 0 – 1 – 2 – 3 | 4 – 5 – 6 |
| Zivildienst ist für das Allgemeinwohl unerlässlich. | 0 – 1 – 2 – 3 | 4 – 5 – 6 |
| Wehrdienst muss gegenüber dem Zivildienst eine vorrangige Pflicht sein. | 0 – 1 – 2 – 3 | 4 – 5 – 6 |
| Zivildienst ist für unser soziales System wichtig. | 0 – 1 – 2 – 3 | 4 – 5 – 6 |
| Wehrpflicht ist Friedensdienst. | 0 – 1 – 2 – 3 | 4 – 5 – 6 |
| Zivildienst ist eine sinnvolle Alternative zum Wehrdienst. | 0 – 1 – 2 – 3 | 4 – 5 – 6 |
| Männer und Frauen müssen sich für unseren Staat einsetzen, egal ob im Wehrdienst oder im Zivildienst. | 0 – 1 – 2 – 3 | 4 – 5 – 6 |
| Frauen sollten Wehrdienst mit der Waffe leisten. | 0 – 1 – 2 – 3 | 4 – 5 – 6 |
| Wehrdienst und Zivildienst müssen gleich lang sein. | 0 – 1 – 2 – 3 | 4 – 5 – 6 |
| Das Image des Zivildienstes müss verbessert werden. | 0 – 1 – 2 – 3 | 4 – 5 – 6 |

**1** Wie ist deine Meinung? Kreuze die entsprechende Zahl in der Meinungsskala (0 = stärkste Ablehnung, 6 = stärkste Zustimmung) an.

**2** Verbinde die einzelnen Punkte und finde dein eigenes Meinungsbild (als rote Kurve).

zu Schülerband Seite 246/247